Eberhard Schrimpf
Artur Müller
Der Taunus von oben

Eberhard Schrimpf
Artur Müller

Der Taunus von oben

Mit dem Heißluftballon unterwegs

SOCIETÄTS VERLAG

Ideen und Text: Eberhard Schrimpf, Usingen
Fotos: Artur Müller, Weinbach; Eberhard Schrimpf; Axel Häsler, Langenselbold
Landkarte: LVA Hessen, entnommen aus: E. Ernst, Der Taunus, Societäts-Verlag 2009
Layout & Satz: Julia Desch, Societäts-Verlag
Umschlaggestaltung: Julia Desch, Societäts-Verlag
Umschlagabbildung: Artur Müller
Druck und Verarbeitung: Print Consult GmbH, München
Printed in EU 2018

ISBN 978-3-95542-294-3

FSC
www.fsc.org
MIX
Papier aus verantwortungsvollen Quellen
FSC® C084279

Inhalt

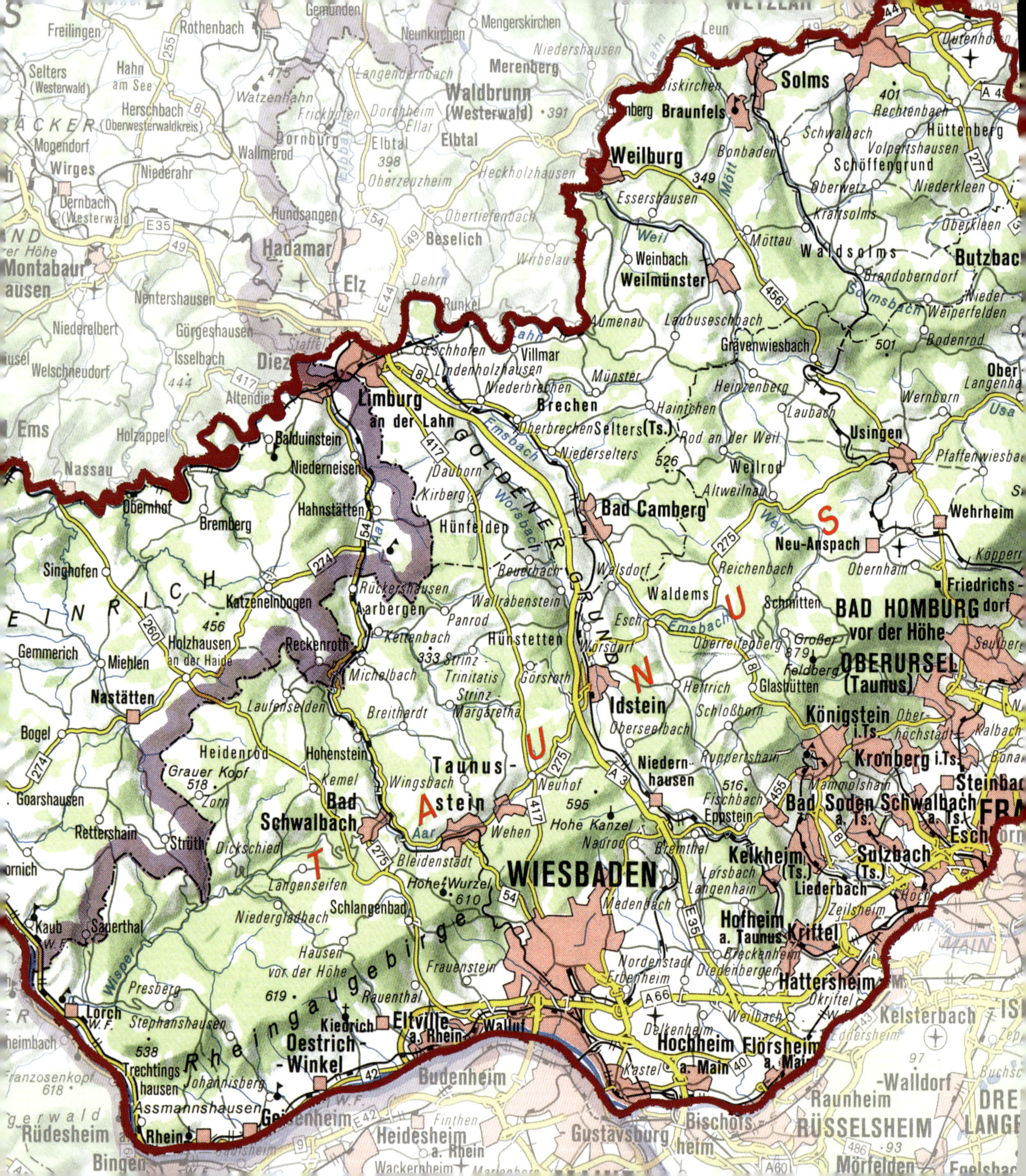

Freilingen
Rothenbach
Gemünden
Neunkirchen
Mengerskirchen
Leun
Selters (Westerwald)
Hahn am See
Langendernbach
Niedershausen
Merenberg
Biskirchen
Solms
Watzenhahn
Frickhofen
Dorchheim
Waldbrunn (Westerwald)
Braunfels
Rechtenbach
Hüttenberg
Herschbach (Oberwesterwaldkreis)
Ellar
Elbtal
Schwalbach
Mogendorf
Dornburg
Weilburg
Bonbaden
Volpertshausen
Wirges
Wallmerod
Schöffengrund
Niederahr
Oberzeuzheim
Heckholzhausen
Essershausen
Oberwetz
Niederkleen
Dernbach (Westerwald)
Hundsangen
Obertiefenbach
Kraftsolms
Oberkleen
E35
Hadamar
Beselich
Weil
Möttau
Waldsolms
Butzbach
Weinbach
Montabaur
Elz
Wirbelau
Weilmünster
Brandoberndorf
Nentershausen
Dehrn
Solmsbach
Nieder Weiperfelden
Niederelbert
Runkel
Aumenau
Laubuseschbach
Görgeshausen
Gräveswiesbach
Bodenrod
Lahn
Villmar
Diez
Eschhofen
Isselbach
Welschneudorf
Lindenholzhausen
Münster
Heinzenberg
Ober Langenhain
Altendiez
Niederbrechen
Wernborn
Ems
Limburg an der Lahn
Brechen
Hainchen
Laubach
Usa
Holzappel
Balduinstein
Oberbrechen
Selters (Ts.)
Rod an der Weil
Usingen
Emsbach
Niederselters
Pfaffenwiesbach
Nassau
Niederneisen
Dauborn
Weilrod
Kirberg
Altweilnau
Obernhof
Hahnstätten
Bad Camberg
Wehrheim
GOLDENER GRUND
Bremberg
Hünfelden
Worsbach
TAUNUS
Neu-Anspach
Köppern
Singhofen
Beuerbach
Reichenbach
Obernhain
Friedrichsdorf
Katzenelnbogen
Walsdorf
Waldems
Rückershausen
Wallrabenstein
Schmitten
EINRICH
Aarbergen
Panrod
BAD HOMBURG vor der Höhe
Esch
Holzhausen an der Haide
Kettenbach
Hünstetten
Emsbach
Oberreifenberg
Großer Feldberg
Saalburg
Gemmerich
Miehlen
Reckenroth
Wörsdorf
OBERURSEL (Taunus)
Strinz-Trinitatis
Görsroth
Nastätten
Michelbach
Idstein
Heftrich
Glashütten
Strinz-Margaretha
Laufenselden
Breithardt
Schloßborn
Königstein i.Ts.
Oberhöchstadt
Bogel
Oberseelbach
Kalbach
Heidenrod
Hohenstein
Taunusstein
Niedernhausen
Ruppertshain
Kronberg i.Ts.
Grauer Kopf
Kemel
Wingsbach
Mammolshain
Steinbach
Goarshausen
Zorn
Neuhof
Fischbach
Bad Schwalbach
Hohe Kanzel
Eppstein
Bad Soden a. Ts.
Schwalbach a. Ts.
Rettershain
Aar
Wehen
Naurod
Eschborn
Strüth
Bleidenstadt
Bremthal
Kelkheim (Ts.)
Sulzbach (Ts.)
Dickschied
WIESBADEN
Lorsbach
Liederbach
Langenseifen
Hohe Wurzel
Langenhain
Medenbach
Zeilsheim
Kaub
Schlangenbad
Hofheim a. Taunus
Kriftel
Niedergladbach
Sauerthal
Hausen vor der Höhe
Frauenstein
Nordenstadt
Breckenheim
Main
Erbenheim
Diedenbergen
Hattersheim
Wisper
Rheingaugebirge
Presberg
Rauenthal
Okriftel
Lorch
Kiedrich
Eltville a. Rhein
Walluf
Delkenheim
Weilbach
Kelsterbach
Stephanshausen
Hochheim a. Main
Flörsheim a. Main
Eddersheim
Oestrich-Winkel
Kastel
Walldorf
Trechtingshausen
Johannisberg
Budenheim
Raunheim
Franzosenkopf
Assmannshausen
Geisenheim
Finthen
Bischofsheim
RÜSSELSHEIM
Rüdesheim
Heidesheim a. Rhein
Gustavsburg
Bingen
Rhein
Wackernheim
Mörfelden

Vorwort

Er liegt wie eine Insel, eingebettet zwischen der Rhein-Main-Ebene im Süden, dem Rheinstrom im Westen, der Lahn im Norden und der Autobahn A 5 (durch die Wetterau) im Osten oder entlang der A 3 zwischen Frankfurt und Limburg mittendrin. Immer im Blick der Reisenden ist die höchste Erhebung des Taunusgebirges mit ihrem markanten Turm: der große Feldberg. Und viele wissen nicht, dass der Taunus vom großen Naturforscher Alexander von Humboldt schon vor 200 Jahren zum schönsten Mittelgebirge der Welt erklärt worden sein soll. Wir möchten unsere Heimat mal aus der Vogelperspektive zeigen – und was bietet sich da besser an, als Bilder aus dem Korb eines Heißluftballons!

Prof. Dr. Eugen Ernst hat mit seinem Buch „Der Taunus – ein l(i)ebenswertes Mittelgebirge", erschienen 2009 im Societäts-Verlag, unseren Taunus mit all seinen Facetten in eindrucksvoller Weise beschrieben. Ich hatte die Aufgabe und das Vergnügen, seine Gedanken und Aufzeichnungen für dieses Werk mit 280 Seiten und fast 1.000 Fotos zu gestalten. Bei diesem Projekt kam der Heißluftballon-Pilot Artur Müller aus Weinbach-Elkerhausen im wahrsten Sinne des Wortes ins Bild. Er stellte uns fast 50 Luftaufnahmen seiner vielen Ballonfahrten über den Taunus zur Verfügung; daraus entstand eine Freundschaft und Kooperation für weitere Veröffentlichungen. So konnte es auch nicht ausbleiben, dass ich vorschlug, einen Bildband aus seinen vielen Taunus-Luftbildern zu machen. Seine Fotos, die in den letzten Jahren entstanden sind, sollten nicht im Archiv verschwinden und in Vergessenheit geraten.

Bilder aus der Luft zu machen, bleibt nur einer kleineren Anzahl von Menschen vorbehalten, und da bietet sich eine Fahrt mit einem Heißluftballon an. Hier geht alles viel ruhiger zu, als in einem motorbetriebenen Fahrzeug, man wird nur ab und zu unterbrochen von dem Fauchen des Brenners, der die Luft in der Ballonhülle erhitzt, um die Höhe zu halten.

Ein Heißluftballon kann bei entsprechenden Bedingungen überall starten. Wo er nach ca. 1,5 Stunden und 20 bis 30 km Wegstrecke landen wird, liegt am Können des Piloten und vor allem daran, „wohin der Wind uns treibt". Ballonfahren kann man in den Sommermonaten nur ca. zwei bis drei Stunden nach Sonnenaufgang oder zwei bis drei Stunden vor Sonnenuntergang. Das hat zur Folge, dass speziell morgens der aufsteigende Dunst den Fotos oft die Brillanz verwehrt. Tagsüber kann die Thermik das Ballonfahren durch die Luftmassenverschiebung gefährlich machen. Da heißt es also oft, sehr früh aufzustehen. Im Winter kann man ganztägig fahren, weil es in dieser Jahreszeit kaum Thermik gibt.

Jetzt aber lasst uns einsteigen und losfahren. Mein Part ist der eines Moderators und Fremdenführers, der die Bilder unseres Piloten erklärt. Von hier oben aus dem Korb sieht die Welt erst einmal sehr fremd aus. Im vorliegenden Band habe ich keine speziellen Fahrten dokumentiert, sondern die Luftaufnahmen nach Gebieten zusammengestellt, weil sich viele Fahrten sowieso überschneiden.

Ich wünsche allen, die dieses Buch in Händen halten, viel Vergnügen bei unserer „virtuellen Ballonfahrt".

Vor dem Start

Eine Heißluft-Ballonfahrt bedarf gewissenhafter Vorbereitung. Das Wichtigste ist eine ausführliche Wetterinformation und Beratung vor dem Start. Der richtige Startplatz will gefunden sein. Und dann muss aufgerüstet werden: Der Korb aus Weidengeflecht und der Brenner werden hergerichtet, die Ballonhülle ausgelegt, mit dem Korb verhakt, durch ein Gebläse mit kalter Luft gefüllt und danach mit dem Brenner erhitzt, bis der mit heißer Luft prallgefüllte Ballon senkrecht über dem Korb steht.

Eine Einweisung für die Mitreisenden darf nicht fehlen. Nachdem diese in die Gondel eingestiegen sind und die Luft in der Hülle ausreichend weitererhitzt wurde, kann die Sicherungsleine am Verfolgerfahrzeug gelöst werden – und das Himmelsgefährt erhebt sich in die Höhe.

Dann heißt es nur noch: die Reise genießen und die neuen Eindrücke auf sich wirken lassen.

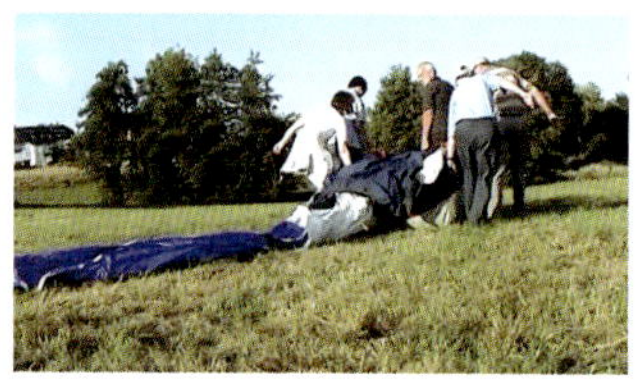

Rechte Seite: Aus rund 1.000m Höhe breitet sich unter uns das Usinger Becken aus. Die Stadt Usingen im Vordergrund, Neu-Anspach mit seinen Stadtteilen Westerfeld, Hausen, Rod am Berg und Anspach vor dem Taunuskamm mit Feldberg, und rechts die Querverwerfung der Langhans-Pferdskopf-Scholle.

1

Der Hohe Taunus

Als „Hausberg“ der Mainmetropole Frankfurt ist der Große Feldberg (880m) mit seinen markanten Türmen und Antennen, der den Hohen Taunus beherrscht, besonders durch die vielen Wintersportler oft überlaufen (1). Hinter dem großen Turm erkennen wir Oberreifenberg und Seelenberg, zur Gemeinde Schmitten gehörig. Links oben hinter dem Kamm liegt der „Goldene Grund“, der sich bis Limburg hinzieht.

Beliebte Raststätte für Wanderer und Mountainbiker im Sommer, für Ski- und Schlittenfahrer im Winter ist das Waldgasthaus Fuchstanz (2).

3

2

1

Der Altkönig (798m), dritthöchster Berg im Taunusgebiet, ist bekannt durch seine steinernen Ringwälle aus der Keltenzeit (3).

Der Sandplacken (670m) ist eine Passhöhe zwischen dem Weiltal und Oberursel, verfügt über zwei Restaurants und zeigt uns in der Mitte des Bildes (4) die Zufahrt zum Großen Feldberg und weiter nach Königstein.

Die „Kanonenstraße“ (L 3004) zwischen Schmitten und „Hohe Mark“ (oberhalb Oberursel) wird dominiert durch die unfallreiche „Applauskurve“ (5). Durch Übermut und hohe Geschwindigkeit von Motorradfahrern kommt es gerade hier zu oft schweren Unfällen.

5

Schmitten

Der Pferdskopf (1) oberhalb des Ortes Treisberg (Schmitten) ist 663m hoch und gekrönt mit einer 34m hohen, tollen Holzkonstruktion, die als Aussichtsturm dient.

Die beiden seit etwa 1850 getrennten Dörfer Ober- und Niederreifenberg (2), die heute zur Großgemeinde Schmitten gehören, wurden im 18. und 19. Jahrhundert bekannt durch die vielen Nagelschmieden sowie durch die Armut, welche damals in dieser Taunusregion herrschte. Sie werden beherrscht durch die Burgruine der Reifenberger Ritter aus dem 13. und 14. Jahrhundert.

Dominant stehen an der Straßenabzweigung der L3025 nach Reifenberg im Hauptort des nördlichen Feldberggebiets die katholische St. Karl Borromäus-Kirche und das Pfarrhaus (3). Arnoldshain (4) ist als größter Ort im Gemeindeverband nahtlos mit Schmitten verbunden und hat fast 2.000 Einwohner.

1

Ein Teil des oberen Weiltals (5) mit seinen Dörfern Brombach, Dorfweil sowie Schmitten liegt vor uns. Unterhalb des Feldbergs schauen Häuser von Arnoldshain hinter dem Waldrücken hervor.

2

5

3

4

Königstein

Der Luftkurort am südlichen Taunuskamm (1) wird geprägt durch seine Burgruine (2), die der Sage nach um 500 gebaut wurde. 1796 von der französischen Besatzung erheblich zerstört, dient sie heute, wie auch die Burgruine Falkenstein (4), kulturellen Zwecken.

Die „Villa Andreae" (3) wurde durch die Pleite des Baulöwen Dr. Jürgen Schneider und dessen tiefen Fall bekannt.

Der Campingplatz der Naturfreunde Billtalhöhe (5) war Anregung für Nele Neuhaus' Kriminalroman „Im Wald".

1

Kronberg

Schon die Künstler des 19. Jahrhunderts haben (am Boden) diese Perspektive (1) auf die Stadt, ihre Burg und die Mainebene als sogenannten „Malerblick" empfunden.

Der Opel-Zoo (2), der zweitgrößte Zoo in diesem Gebiet, ist besonders bei Kindern und Familien beliebt, aber morgens um 7 Uhr schlafen die meisten Tiere noch.

„Schloss Friedrichshof" (3), das heutige Schlosshotel Kronberg, war von 1889 bis 1894 Witwensitz der ehemaligen deutschen Kaiserin Viktoria. Der große Park beherbergt auch den ehemaligen Wirtschaftshof mit Marstall.

Bei unserem Blick auf die Altstadt (4) zeigt sich besonders die enge Nachbarschaft der evangelischen Kirche St. Johann und der Streitkirche, die nie eingeweiht oder kirchlich genutzt wurde. Oben rechts findet sich die katholische Kirche St. Peter und Paul.

2

3

4

1

2

Oberhöchstadt (1) ist ein Stadtteil Kronbergs, der bis 1972 landwirtschaftlich geprägt und selbstständig war. Heute ist der Ort durch frühe Siedlungsneubauten fast nur noch reine Schlafstadt für die Berufspendler ins Rhein-Main-Gebiet. In der Waldsiedlung (2), die auch von Kronberg verwaltet wird, standen ursprünglich Militärbaracken. Sie dienten 1946 Vertriebenen aus Gablonz als Notunterkunft, bevor durch hervorragende Planung dieser Stadtteil entstand. Und das schon vor fast 70 Jahren.

Oberursel

Die Kirche St. Ursula beherrscht das Bild der Stadt (3), die sich mit Recht „Das Tor zum Taunus“ nennt. Die U-Bahnlinie 3 endet, von Frankfurt Mitte kommend, direkt am Taunus-Informationszentrum auf der „Hohe Mark“.

3

1

2

3

Blick über Oberursel (1), vorne die Oberhöchstadter Straße mit der evangelischen Christuskirche. Das neue Industriegebiet liegt im Norden Richtung Bad Homburg. Unter uns der Marktplatz der Altstadt (2).

Wir blicken auf die Sommer-Bühne des Theaters im Park (3). Am Hessentag 2011 gab es auf dem großen Freigelände bei Oberursel-Bommersheim eine Open-Air-Veranstaltung (4).

Größter Arbeitgeber mit über 1.000 Mitarbeitern ist Rolls-Royce (5) an der Hohemarkstraße. Die „Hohe Mark“ (6) mit dem Taunus-Informationszentrum, Parkplatz und Endstation der U3 ist Ausgangspunkt vieler Taunus-Wanderungen und -Touren.

Taunus
Die Höhe

4

5

6

1

Frankfurt am Main

„Mainhatten“ (1), wie die Stadt wegen ihrer großen Anzahl an Wolkenkratzern genannt wird, gehört zwar nicht mehr zum Taunusgebiet, aber Deutschlands Großstadt Nr. 5 kann ohne den Taunus nicht leben und arbeiten. Berufspendler wohnen im Taunus, und die Großstädter wandern hier, treiben im Winter ihren Sport und erholen sich in den Gebirgswäldern. Die Symbiose stimmt.

Bei Ballonfahrten über den Stadtrand von Frankfurt gibt es ab und zu Begegnungen mit anderen Luftgefährten (2/3/4), die den Ballon umrunden und „beschnuppern“.

Über dem Volkspark Niddatal hat man gute Sicht auf den„Ginnheimer Spargel“ (5).

1.

Bad Homburg vor der Höhe

Die Hauptstadt des Hochtaunus (1) zeigt sich in der „Champagner-Luft" am frühen Morgen von ihrer schönsten Seite. Der „Weiße Turm" des Schlosses (2), die Türme der evangelischen Erlöserkirche sowie der katholischen Kirche St. Marien in der Dorotheenstraße, und die drei Hochhauskomplexe bis hin zum Bahnhofsturm heben sich aus dem Stadtbild deutlich hervor.

Darüber das alte Industriegebiet, wo früher südlich der Bahnlinie die Horex-Werke standen. Heute sind dort verschiedene große Firmen angesiedelt. Oben rechts sieht man das Landratsamt vor der Zeppelinwiese, wo vor über 100 Jahren Kaiser Wilhelm II. Manöver abhielt und auch Luftschiffe des Grafen Zeppelin landeten.

2

1

2

Man kann von hier oben nur noch staunen über den Eingangsbereich zum Schloss am Ende der Dorotheenstraße (2), über die Taunus-Therme mit ihren sprudelnden Quellen im Kurpark (3) und über die prachtvolle Silhouette der Stadt (1), die schon Kaiser Wilhelm in seiner Zeit regelmäßig als Sommerresidenz genutzt hatte. Und dann ist da ja auch noch die Spielbank – die Mutter von Monte Carlo – aber das ist ein anderes Thema.

Ursprünglich als Dorf vor Homburg gelegen, kam Kirdorf (4) 1902 als rein katholische Gemeinde zu dem evangelisch geprägten und langsam aufstrebenden Homburg.
Der katholische „Taunusdom" St. Johann mit seinen Doppeltürmen und die evangelische Gedächtniskirche ragen aus dem von keinem Hochhaus gestörten alten Ortskern hervor. Dahinter, vor dem Saalburg-Taunuskamm, das Kirdorfer Feld mit seinen Streuobstwiesen, deren Ernte den bekannten Kirdorfer Apfelwein hervorbringt.

3

4

Der Aussichtsturm auf dem Herzberg (1), dem Höhenrücken nördlich von Bad Homburg, gewährt in ca. 600m Höhe ebenso wie die Terrasse des Restaurants einen großartigen Ausblick auf die Mainebene von Hanau bis Wiesbaden. 1911 weihte Kaiser Wilhelm II den Turm aus Taunusquarzit-Findlingen, einem römischen Wachturm ähnelnd, persönlich ein.

Das Römerkastell Saalburg (2), direkt an der B 456 auf Scheitelhöhe des Taunuspasses, geht auch auf die Initiative Kaiser Wilhelms vor über 100 Jahren zurück und ist deutschlandweit die beste Rekonstruktion eines fast 2.000 Jahre alten Limeskastells. Seit 2005 ist der Limes UNESCO-Weltkulturerbe und Besuchermagnet aus nah und fern.

1

2

Friedrichsdorf

Die Stadt (3) am südwestlichen Rand des Taunushangs mit seinen ehemals selbstständigen Dörfern Seulberg (rechts oben) und Dillingen (links unten), war in früheren Jahren als Stadt des Zwiebacks bekannt, ehe auch andere Industrien hinzukamen und der Wohnungsbau vorangetrieben wurde.

Die Bebauung „Am Römerhof" (4), östlich vom Bahnhof Friedrichsdorf, ist ein hervorragendes Beispiel gelungener Siedlungspolitik schon vor über 30 Jahren.

1

2

An der Grenze zur Wetterau

Morgens um 6 Uhr – die Sonne geht auf und kämpft sich durch den Frühdunst und die Wolkenschichten, die aber im Laufe unserer Fahrt verschwinden (1).

Unter uns die Autobahnabfahrt Friedberg der A 5 (2). Hier, am Ende des Taunuskammes, ist die „Raststätte Wetterau" (3) zwischen Ober-Mörlen und Bad Nauheim zu erkennen.

3

4

6

5

Wir erblicken die Gemarkung von Ockstadt (4): Die Kirschbäume am Rande des Bergrückens zum Winterstein stehen in voller Blüte. Der markante Fernmeldeturm (105m) auf dem Steinkopf (518m) springt natürlich besonders ins Auge (6).

An einem Sonntagmorgen ruht der gesamte Transportverkehr auf dem Gelände der REWE-Zentrale Region Mitte in Rosbach vor der Höhe (5), was sich aber am Nachmittag ändern wird, damit am nächsten Morgen die Filialen wieder mit frischen Lebensmitteln beliefert werden können.

Bad Nauheim

Die Stadt ist seit der Mitte des 19. Jahrhunderts weltbekannt als Heilbad für Herz-Kreislauf-Erkrankungen. In der Bildmitte (1) erkennt man den Kurpark, den rotgedeckten Sprudelhof und den „Großen Teich". Nieder-Mörlen (Bildmitte oben), ehemals selbstständiges Dorf, ist in den letzten 30 Jahren mit Bad Nauheim zusammengewachsen.

Das Café Johannisberg (2) ist Anlaufstätte vieler Kurgäste und Touristen. Ebenso der unterhalb gelegene Weinberg, schon um 1500 als „Wingert" genutzt. Der Johannisberg ist 268m hoch und bildet das östliche Ende des Taunusgebirges, direkt über der Altstadt von Bad Nauheim.

Ab 1862 wurde das Kurhaus (3) und ab 1905 bis 1911 der im Jugendstil gehaltene Sprudelhof errichtet. Den Mittelpunkt bildet der Schmuckgarten mit seinen als Doppelbrunnen eingefassten Mineral-Heilquellen.

2

3

Nieder-Mörlen (1) gehört schon zu Bad Nauheim und liegt unterhalb des letzten Taunuswaldes, der sich wie ein Sporn in die flache Wetterau hineinbohrt. Landwirtschaft wird hier großgeschrieben – die Erntezeit, schon am frühen Morgen im vollen Gange (2) und der Verkehr auf der Nauheimer Umgehung (3) um Nieder-Mörlen wird stärker. Es ist 7.25 Uhr.

Steinfurth (4), seit 1972 ein Stadtteil Bad Nauheims, ist ein in Fachkreisen international bekanntes Zentrum des Rosenanbaus und der Rosenzucht (5). Etwa 40 Betriebe sind auf diesem Sektor tätig, darunter auch das 1868 gegründete älteste deutsche Rosenzucht-Unternehmen.

4

3

5

1

Butzbach und die Wetterau

Der Aussichtsturm „Hausberg" (1), oberhalb von Hoch-Weisel, steht auf dem gleichnamigen Berg in 487m Höhe. 200m tiefer beginnt die Wetterau mit der Stadt Butzbach.

Die A 5 (2) läuft genau parallel zum Industriegebiet Butzbachs. Nach der Landung morgens um 8.22 Uhr in Friedberg-Schwalheim haben wir durch nachträgliches Studieren des Streckenplans gesehen, dass der Wind uns schon beim Start um 7.07 Uhr in Usingen ganz schön hin- und hergetrieben hatte.

Fauerbach vor der Höhe (3) am Rand der Wetterau mit Blick auf den Winterstein ist ein Stadtteil von Butzbach und hat etwa 650 Einwohner.

Nieder-Weisel (4), der zweitgrößte von 14 Stadtteilen Butzbachs, hat ca. 2.500 Einwohner.

2

3

4

Die Wetterau ist eine der „Kornkammern" Hessens. (1) Blick auf Fauerbach und den Taunuskamm zum Feldberggipfel

Butzbach (2) gehört zwar nicht mehr zum Taunus, aber da fast alle Ortsteile westlich im Taunus liegen, ist es halt schon ein halbes Taunusstädtchen mit über 25.000 Einwohnern. Als Hessentagsstadt 2007 ist Butzbach bekannt für seine Altstadt mit dem historischen Marktplatz und den Fachwerkhäusern (3). Von den Kulturdenkmälern sind u. a. die Gebäude auf und an der Stadtmauer sehenswert. Die Stadt, inzwischen zu einem bedeutenden Gewerbe- und Industriestandort gewachsen, ist natürlich auch durch ihre Justizvollzugsanstalt (4) vielen ein Begriff.

1

Zwischen Friedrichsdorf und Wehrheim

Unter uns ein Segelflugschlepp, gestartet von dem in der Nähe befindlichen Sportflugplatz Neu-Anspach (1).

Das Taunus-Quarzit-Werk (2) ist besonders aus der Luft ein großer Fixpunkt und liegt am Nordhang des Köpperner Tals, Richtung Wehrheim. Von oben kann man die Abbaustufen des Materials, welches hauptsächlich für den Straßenbau Verwendung findet, genau erkennen.

Das Munitionsdepot (3), als „Bundeswehr-Munitionslager Köppern-Süd“ deklariert, liegt teils auf Wehrheimer, teils auf Köpperner Gemarkung. Die einzelnen Munitionsbunker, die noch aus der US-Besatzungszeit stammen, sind wie auf einem riesigen „Friedhof“ aufgereiht. Früher waren Luftaufnahmen des militärischen Geländes streng untersagt.

2

3

Der Freizeitpark Lochmühle am Anfang des Köpperner Tals (4) ist ein Tagesausflugsziel für die ganze Familie und weit über die Grenzen des Taunus und Hessens bekannt. Gleich in der Nähe liegt der Hof des ehemaligen Klosters Thron (5) aus dem 13. Jahrhundert, heute als landwirtschaftliches Hofgut mit seinen 120 Hektar Land ökologisch bewirtschaftet.

1

Wehrheim

Am Ende des oberen Erlenbachtals (Wehrheimer Becken) (1) schließt sich die Feldberg-Langhans-Pferdskopf-Scholle im rechten Winkel an das Feldbergmassiv an. Vor den Wäldern des Taunuskamms liegen der Ortsteil Obernhain und der Hessenpark.

Vor uns erblicken wir das Bahngelände mit dem südlichen Wehrheimer Industriegebiet (2). Im Winter 2010 schwebten wir über das verschneite Wehrheim mit Blick auf das alte „Rote Rathaus" und die evangelische Kirche von 1782 (3).

Hessenpark

Das Freilichtmuseum zeigt vornehmlich die dörflich-ländliche Vergangenheit Hessens mit allen Facetten und bietet über seine musealen Inhalte hinaus einen Ort zum Wandern, Wohlfühlen und Ausruhen.

Im Gesamtbild (1) sieht man die einzelnen Baugruppen, wobei der Eingangsbereich (2) mit seinem Markplatz und dem gesamten Gebäudekomplex besonders hervorsticht.

2

1

3

In Obernhain (3) bietet der Hof Köppelwiese ein Pflanzenlabyrinth.

Bei der Überfahrt des Flugplatzes (5) herrscht rege Tätigkeit des Luftsportclubs Bad Homburg, der jährlich im Spätsommer ein großes Fliegerfest veranstaltet. Hier landete mehrfach die „Alte Tante Ju", das legendäre dreimotorige Passagier-Flugzeug Junkers Ju 52.

Eine Ballonfahrt als Geschenk mit einer Liebeserklärung für Gisela (4): Diese Aufnahme bedarf keiner Erklärung und wurde über Wehrheim-Pfaffenwiesbach geschossen.

4

5

1

2

Neu-Anspach

Die Stadt ist als Kleeblattgemeinde bekannt, weil sie sich aus vier Stadtteilen, die alle selbstständige Dörfer waren, zusammensetzt. Links oben (1): Anspach, dann Hausen-Arnsbach, Rod am Berg und unten Westerfeld. In der Mitte das große Industriegebiet der 2007 zur Stadt ernannten Großgemeinde mit über 15.000 Einwohnern. Kurz vor der Landung auf Neu-Anspacher Gemarkung (2) scheint der Schatten schon gelandet zu sein.

3

Seit den 50er Jahren des 20. Jahrhunderts entwickelte sich links und rechts der Bahnhofstraße (3) die heutige Stadt Neu-Anspach.

Die „Neue Mitte" entstand mit der Wohnbebauung rund um Bürgerhaus und Feldberg-Center (4).

4

Rod am Berg (1) im Sommerabendlicht. Obwohl dieser Stadtteil von Neu-Anspach hoch am Hang zum Bergscheitelpunkt ins Weiltal liegt, sind die Höhenunterschiede aus dieser Position von ca. 800m über Grund schwer auszumachen.

Weiter nördlich liegt das wesentlich tiefer gelegene Gebiet des Ortsteils Hausen (2) mit seiner Sportanlage und dem großen zweigeteilten Industriegebiet. Die Einsenkung im Taunuskamm darüber ist das Köpperner Tal.

4

3

Gräven-wiesbach

Grävenwiesbach-Mönstadt (3) ist in früherer Zeit bekannt geworden durch den Bau der Eisenbahnlinie nach Weilburg und den spektakulären Brückenbau über das Sterzbachtal. Nach der Streckenstilllegung wurde die Brücke 1974 abgerissen.

Heinzenberg (4) liegt ca. 150m hoch über dem Weiltal und ist auch ein Ortsteil Grävenwiesbachs.

Weilrod und das Usinger Land

1

Winden (1) liegt im Weiltal unterhalb von Heinzenberg, direkt an der Grenze zum Landkreis Limburg-Weilburg. Der Volksmund sagte früher: „In Winden, da gibt's nicht viel zu finden". Aber um nach Weilmünster und weiter nach Weilburg zu gelangen, muss man den Ortsteil von Weilrod durchfahren, wo ein erfolgreicher Schützenverein zuhause ist.

Die Weilstraße führt weiter nach Emmershausen (2, von Norden betrachtet) und direkt nach oben zum Verwaltungsmittelpunkt Weilrods: Rod an der Weil.

Gemünden (3) liegt hinter dem Bergrücken östlich des Weiltals und ist durch die Gastronomie des Landhotels „Zur Linde" sehr bekannt im ganzen Taunusgebiet.

2

3

4

Laubach (4) gehört zur Gemeinde Grävenwiesbach und stellt wie die meisten Orte im Usinger Land den Typ des Haufendorfes dar. Auch hier gibt es ein weit über die Höhe der Saalburg bekanntes Gasthaus. Speziell am Wochenende kommen viele Erholungssuchende, um in der Gaststätte „Zur Frischen Quelle" die gute und auch deftige Taunus-Küche zu genießen.

1

Wilhelmsdorf (1) ist ein Stadtteil der ehemaligen Kreisstadt des Usinger Landes, an der Taunusbahnstrecke nach Grävenwiesbach gelegen. Seit 1945 ist der kleine Ort, im 18. Jahrhundert gegründet, durch den Zuzug vieler Heimatvertriebener stetig gewachsen.

Auf einer früheren Fahrt begegnete uns ein Kranichzug (2). Wir schwebten lautlos über die schrill schreienden Zugvögel in gegensätzliche Richtung.

Merzhausen (4), der westlichste Stadtteil Usingens, und sein ehemaliger Flugplatz (3), schreiben immer noch Geschichte. Die Deutsche Telekom errichtete hier in den 1960er Jahren ihre Anlage für Kurzwellen und Telefonübertragungen in alle Welt. Heute ist die Erdfunkstelle Usingen die weltweit größte Anlage für Satelliten-Kommunikation. Auf den freien Flächen entsteht zurzeit der Solarpark Usingen/Neu-Anspach. Merzhausen selbst hat den gesamten Durchgangsverkehr mit der B 275 zu schlucken und wartet dringend auf eine Ortsumgehung.

2

3

4

1

Usingen und seine Stadtteile

Die ehemalige Residenzstadt Usingen (1) liegt malerisch inmitten des Usinger Beckens und gibt jedes Mal, wenn wir Usingen als Startpunkt wählen, einen anderen Einblick.

Im oberen Teil des Bildes erkennt man Wehrheim, darunter das Neubaugebiet „Schleichenbach", rechts das Industriegebiet zwischen der Umgehung „Süd-Tangente" und dem Taunusbahn-Gelände.

Die evangelische Laurentius-Kirche bildet den Mittelpunkt der Stadt, oberhalb der Aue des Hainbachs.

Diese sich zur Usa hinziehende Talebene mit ihrer Frischluftschneise, nur unterbrochen durch die Bahnhof- und Frankfurter Straße mit viel Baumbewuchs, wurde 2016/17 mit einem großen Lebensmittelmarkt auf der freien Fläche des Neuen Marktplatzes bebaut.

Eine gute Lösung ist die Standortwahl des neuen Schulzentrums (2) mit der „Helmut-Schmidt-Schule" und der „Paula-Fürst-Schule" (ehemalige „Heinrich-Kielhorn-Schule" aus Wehrheim), zwischen der B 275 und der UTSG-Sportanlage. Die Gebäude wurden nach den Osterferien 2017 eingeweiht und bezogen.

2

1

2

Prächtig von oben anzusehen ist das tolle Ensemble mit Laurentiuskirche, Rathaus-Komplex und Schlossplatz (1), wenn nicht der Durchgangsverkehr mit den beiden Bundesstraßen B 275 und B 456 wäre. Usingen wartet seit über 50 Jahren auf eine Umgehung, um den Verkehr aus der Innenstadt herauszubringen.

Wir verspüren hier oben nichts von diesen Problemen, denn es herrscht freie Fahrt und wir können unseren Blick auf das Baugebiet „Schleichenbach II“ im Süden der Stadt (3) oder auf den Platz vor der Hugenottenkirche (2) mit dem neuen Fachmarkt konzentrieren.

Der Alte Marktplatz mit der Hugenottenkirche, wie er sich an einem Juni-Sonntag 2017, morgens um 6 Uhr, 300m über Grund (2) präsentiert.

Die Hochtaunus-Kliniken haben eine neue Krankenhaus-Anlage (4), davor sieht man den Bauhof und Feuerwehrstützpunkt an der Weilburger Straße.

Ende Mai 2017 fegte ein Wirbelsturm über den Unterwald der Stadt. Die Hessenmühle (5) an der B 275 Richtung Bad Nauheim wurde sehr schwer betroffen.

Der Hattsteinweiher (6) ist der einzige Natur-Badesee im gesamten Taunusgebiet und wird auch von den Frankfurtern, besonders an Wochenenden, stark genutzt; und das schon seit über 70 Jahren. Die „Wochenend-Anlage Katharinenhof", früher ein Campingplatz, ist heute mit festen Hütten versehen und z. T. ganzjährig von vielen Großstädtern südlich des Taunus bewohnt. Unser Ballonteam nimmt die mittlere schmale Wiese gerne zum Startpunkt seiner Fahrten.

3

4

5

6

Diese Aufnahmen entstanden in den Jahren 2006 bis 2017 meist beiläufig bei vielen Starts südlich von Usingen und zeigen die Bebauungsentwicklung des Gebietes „Schleichenbach II“.

2006

2007

2009

2010

2011

2012

2013

2015

2017

1

2

Eschbach ist nach Usingen mit ca. 2.000 Einwohnern der größte Stadtteil aller eingemeindeten Dörfer und war schon immer Ausflugsziel vieler Frankfurter Wanderer und Liebhaber der deftigen Hausmannskost. Fix- und Mittelpunkt bildet die 1848 fertiggestellte und eingeweihte evangelische Kirche (2) nördlich der Bachstraße, unter der auch der Eschbach, in Rohren gefasst, mitten durch den Ort fließt.

Die Eschbacher Klippen (4) sind ein Kletterübungsparadies nahe dem ehemaligen Waldzeltplatz (3), der aber heute fast nur noch als Wochenendgebiet ausgewiesen ist, mit Holzhäusern und Wohnwagen.

Michelbach (5) ist der kleinste Stadtteil Usingens, hat ca. 320 Einwohner und liegt am nördlichsten Rand des Usinger Beckens und des Hochtaunuskreises.

3

4

5

1

Zwischen Usingen und Friedberg

Usingen-Kransberg (1) liegt östlich im Wiesbachtal. Das historische Gebäude oberhalb des Dorfes, um 1300 als Burg der Landesherren der „Cranische“ gebaut und später mit oft wechselnden Besitzern 1875 zum jetzigen Schloss umgestaltet, war ab 1939 Stabsstelle der Luftwaffe im Komplex „Adlerhorst“.

1945 errichteten die Alliierten hier das Vernehmungszentrum „Camp Dustbin“. So wohnten im Schloss u. a. die Nazi-„Größen“ Hermann Göring, Albert Speer und Wernher von Braun einige Wochen. Später wurde es Zentrale der Organisation Gehlen, Vorgänger des BND.

Das Anwesen ist seit 1995 in Privathand und wird für Hochzeiten, Kulturveranstaltungen und als Kulisse für die Filmindustrie genutzt.

Usingen-Wernborn (2) feierte 2016 seine Ersterwähnung vor 825 Jahren. Dank vieler Rosenanpflanzungen wurde es jetzt zum „Rosendorf“ erklärt.

2

3

4

Maibach (3), im Norden von Wernborn gelegen, ist ein Ortsteil von Butzbach, gehörte in früheren Zeiten aber zum Kreis Usingen. Hier oben, am östlichen Ende des Taunus, geht alles etwas beschaulicher zu. Nur die Wildschweine halten sich nicht daran. Das zeigt uns ein verwüstetes Maisfeld (4).

1

2

Über dem Usatal (1), unterhalb von Wernborn schweben wir in Richtung Osten und überfahren Ziegenberg (2), einen geschichtsträchtigen Ort, der heute zur Stadt Butzbach gehört.

Das ehemalige Schloss, zu Goethes Zeiten schon bekannt und von ihm auch besucht, wurde im Zweiten Weltkrieg mit dem anschließenden Schneiderwald und der Wernerwiese (heute Wiesental) zu Hitlers „Adlerhorst" umgebaut und mit Bunker- und Tunnelanlagen versehen.

Münster-Wiesental (3) entstand 1948 als Siedlung für Heimatvertriebene aus dem Sudetenland. Hier, in unmittelbarer Nähe zum ehemaligen Führerhauptquartier „Adlerhorst" in Langenhain-Ziegenberg, das von den Amerikanern nach Kriegsende gesprengt wurde und aus dessen Schutt Baumaterial gewonnen werden konnte, wurde ein bewaldeter Südhang zum Siedlungsbau freigegeben.

1

2

Über dem Usatal weiter in Richtung Osten sehen wir (1) rechts im Frühdunst die Dörfer Usingen-Kransberg, Wehrheim-Pfaffenwiesbach und Wehrheim-Friedrichstal, bevor wir an der Grenze zur Wetterau ein rustikales privates Wohngebäude (2) in Langenhain am Maiberg erblicken.

Friedberg

Die Verwaltungsstadt des Wetteraukreises besitzt eine prächtige Burganlage (3). Die ehemalige Freie Reichsstadt und Messestadt gehörte im Mittelalter zu den wichtigsten Städten im heutigen Hessen und ist Eisenbahnknotenpunkt zwischen Frankfurt am Main und Gießen (4).

3

4

1

Gräven-wiesbach II

Das ehemalige Dorf (1) ist Verwaltungssitz der gleichnamigen Großgemeinde, zu der die früheren selbstständigen Dörfer Heinzenberg, Hundstadt, Laubach, Mönstadt und Naunstadt gehören. Auf einem Hügel stehend, dominiert die im klassizistischen Stil gebaute Kirche das Ortsbild (3). Mit dem Zuzug vieler Vertriebener aus dem Sudetenland nach 1945 und durch Industrieansiedlung wurde Grävenwiesbach immer mehr zu einem Mittelpunkt für Arbeitnehmer aus dieser Region. Größter Arbeitgeber ist die Firma Grünewald, deren Produktionshallen für den Feinmaschinenbau leicht erkennbar sind.

Die Taunus-Arkaden (4) liegen ideal zu Straßen- und Bahnverkehr. Dennoch brachten sie dem Investor kein Glück, und man hofft, dass eine neue Konzeption zur Wiederbelebung des Hotel- und Restaurantbetriebes führt.

Wir schweben heute nochmal über Grävenwiesbachs Ortsteil Laubach (1). Früher stark landwirtschaftlich geprägt, ist es heute fast nur noch Wohn- und Schlafdorf für die Berufspendler. Trotzdem gibt es auch hier, wie im gesamten Taunusgebiet, noch oft Begegnungen mit Schafherden und deren Hirten (2), die auch für die Landschaftspflege wichtig sind. Die Nachfrage nach Schafprodukten, wie Wolle und Fleisch aus heimischen Gefilden, ist ungebrochen.

2

1

Hundstadt (3) bietet allein schon durch die Halbkreisbogen-Anfahrt der Taunusbahn (4) – von Wilhelmsdorf kommend – einen spektakulären Blick, wenn man im Zug sitzt. Wir können das alles noch besser aus ca. 350m über Grund beobachten.

1

2

Hasselborn

Ortsteil (1) der Gemeinde Waldsolms im südlichen Lahn-Dill-Kreis, 1699 vom Usinger Fürst Walrad für 16 Hugenottenfamilien gegründet. In einem unterhalb des Dorfes liegenden Brunnen, der mit Haselnuss-Sträuchern bewachsen war, fanden die Siedler Wasser und gaben der neuen Siedlung den Namen Haselborn.

Zwischen Grävenwiesbach und Albshausen wurde in den Jahren von 1910 bis 1912 die Solmsbachtalbahn gebaut. Für die Teilstrecke von Grävenwiesbach nach Hasselborn musste der 1.300m lange Hasselborner Tunnel unter dem Ahansberg (2) gebaut werden. Gegen Ende des Zweiten Weltkriegs wurde er von Zwangsarbeitern aus dem Arbeitserziehungslager Heddernheim zu einer Fabrikationsstätte für Flugzeugteile umgerüstet.

Im Dezember 1971 schloss sich die selbstständige Gemeinde Hasselborn im Zuge der hessischen Gebietsreform mit weiteren fünf Gemeinden zur neuen Großgemeinde Waldsolms zusammen.

Weiperfelden (3) im oberen Solmsbachtal liegt auf 332m NN und ist mit ca. 280 Einwohnern das kleinste Dorf der Großgemeinde Waldsolms. Im Südosten befinden sich der 491,1m ü. NN hohe Hinterster Kopf und der 492,3m hohe Hainbuchenkopf, im Südsüdosten liegen der 505,1m hohe Gickel und der etwa 518m hohe Hesselberg. In der Schreibweise Walpurgeuelde lässt sich der Ort bis in das Jahr 1207 urkundlich zurückverfolgen. Somit ist diese frühe Erwähnung von Weiperfelden eine der ersten im oberen Solmsbachtal.

3

1

2

Das Weiltal

Alt- und Neuweilnau gemeinsam zu sehen, ist heute nur uns vergönnt. Hier (1) zeigt sich der Anfang des Weil-Mittellaufs von seiner schönsten Seite. In den 1960/70er Jahren gab es eine Idee, das Gewässer durch eine Weiltalsperre zu stauen. Bei einer Realisierung wären alle Gebäude im Tal sowie das Hotel Erbismühle im See versunken. Das alte Schloss Neuweilnau (2) mit Sitz des Forstamtes Weilrod sind besondere Blickpunkte.

Rod an der Weil (3) ist der Hauptort der Gemeinden im mittleren Weiltal. Hier steht auch das älteste Pfarrhaus (4) Deutschlands, um 1200 gebaut, auf einem Felssporn zusammen mit der Kirche aus dem 19. Jahrhundert.

Der Eichelbacher Hof (5), 3 km südwestlich von Rod an der Weil gelegen, war ursprünglich eine Turmburg. Die Wehranlage lag an der Rennstraße, einem verkehrsreichen Handelsweg im Mittelalter durch den Taunus. Heute ist der Hof in Privatbesitz mit einem beliebten Ausflugslokal.

3

4

5

1

Das Solmsbachtal

Links unter uns im Tal der Solms liegt Espa (1). Darüber sind Oberkleen und Ebersgöns zu sehen, die alle zur Verwaltungsgemeinde Langgöns gehören.

Über der Wasserscheide von Lahn und Main, zwischen Usingen- Michelbach und Bodenrod, liegt das heutige Pfadfinderzentrum „Donnerskopf" (2). Mitte der 1960er Jahre, im Zuge des Kalten Krieges, entstand hier das Warnamt VI Mitte, welches heute durch Zentralisierung überflüssig geworden ist.

Die Ortschaft Butzbach-Bodenrod (3) liegt im Talschluss des Eichelbachs, einem südlichen Zufluss des Solmsbachs und ist mit 400 bis 430m Höhe das höchstgelegene Dorf im Wetteraukreis

2

3

1

2

Cleeberg (1) mit seiner Wohnburg von 950 n. Chr. im Mittelpunkt des Ortes (2), wurde 1977 zum staatlich anerkannten Erholungsort. Es gehört heute zur Großgemeinde Langgöns und war 2011 „Dolles Dorf" im Wettbewerb des hr. Vor dem Krieg gehörte Cleeberg zum Landkreis Usingen.

Das mittlere Solmsbachtal im Überblick nach Süden (3): Kraftsolms, Kröffelbach und links Brandoberndorf. Rechts im Wald liegt Hasselborn.

Feierabendbeschäftigung: Ein Landwirt transportiert einen Hochsitz der Jagdgenossenschaft an seinen neuen Standort zur Wildbeobachtung (4).

1

Mit ca. 2.100 Einwohnern ist Brandoberndorf der größte Ort von Waldsolms und auch Sitz der Gemeindeverwaltung. Bis 1866 gehörte Brandoberndorf zum Herzogtum Hessen-Nassau und somit auch zum Amt Usingen.

Die Leder- und Holzindustrie bestimmten hier lange Jahre die Arbeitswelt, die landwirtschaftlichen Betriebe gingen stark zurück. Hier gibt es einen Bio-Hof mit vorbildlicher Schweine- und Rinderzucht (2), bei der die Tiere artgerecht gehalten werden.

2

Kröffelbach (4) gehört zu Waldsolms und wird das erste Mal im Jahre 777 erwähnt. Der Ort wurde 1945 Heimat vieler Heimatvertriebener aus Ungarn und dem Sudetenland. Wir überfahren das koptisch-orthodoxe Kloster St. Antonius (3), das von Christen aller Konfessionen besucht und besichtigt werden kann.

Das Gießener Land am 10. Juni 2017, 6:40 Uhr in 750m Höhe über dem Schöffengrund bei Niederwetz. Links die Burgruine Vetzberg bei Rodheim-Bieber. Rechts Burg Gleiberg bei Gießen. Der Blick geht bis ins Gladenbacher Bergland mit dem höchsten Berg, der Angelburg (610m ü. N.N.).

Gießen

Die Universitätsstadt an der Lahn gehört zwar nicht mehr zum Taunus, aber da uns der Wind schon mal hierher getrieben hat, sollte man die Stadt mit 84.000 Einwohnern auch zeigen (1). Justus-Liebig-Uni, Technische Hochschule, Verwaltungs- und Wirtschaftsakademie, Freie Theologische Hochschule, Hessische Hochschule für Polizei und Verwaltung und Erstaufnahmeeinrichtung für Flüchtlinge prägen das Image der Stadt.

Vom großen Universitäts-Klinikum, dessen Gelände auf der linken Bildseite zu sehen ist, haben die Älteren unter uns bestimmt schon gehört oder waren dort schon mal „zu Besuch".

Wassersport (2/3) in vielen Variationen wird auf der Lahn ausgeübt.

2

3

1

2

3

4

5

Wetzlar

Zeitweilig Schwesterstadt von Gießen, ist Wetzlar (1) die Kreisstadt des Lahn-Dill-Kreises und hat mit ihrer optischen, feinmechanischen, elektrotechnischen und stahlverarbeitenden Industrie weltweite Geltung erreicht.

Als ehemalige Reichsstadt mit dem Sitz des Reichskammergerichts, an dem auch schon Johann-Wolfgang von Goethe tätig war, ist die Stadt schon seit früheren Zeiten in aller Munde.

Aus den vielen kulturhistorischen Bauwerken ragen besonders der von beiden Konfessionen genutzte Dom (3), die Altstadt (4) und die schon 1288 erwähnte alte Lahnbrücke (5) als Handelsstraßen-Übergang hervor.

Über der Burgruine Kalsmunt schwebend (2), geht unser Blick auf die Altstadt, den Dom und im Vordergrund auf die Firma Leitz.

1

Braunfels

Wir stehen über Braunfels-Leun und sehen, wie das Lahntal nach Osten hin sehr stark besiedelt ist (1). Links unter uns liegen Nieder- und Oberbiehl, rechts Solms, darüber Albshausen und Steindorf. Dann folgen schon die Vororte von Wetzlar.

Tiefenbach (2), ein Ortsteil von Braunfels, wurde erstmals 1245 als Diefenbach urkundlich erwähnt. Während des Dreißigjährigen Krieges wurde der Ort oftmals überfallen, so dass alle Einwohner nach Braunfels geflohen waren. Heute hat Tiefenbach ca. 1.400 Einwohner.

Im 15. Jahrhundert war das Lahntal schon bekannt für seinen Weinanbau. Seit 1994 wird in Tiefenbach wieder Wein angebaut. Der Weinberg (3) befindet sich in Südhanglage am Ortsrand und gehört zur Großlage Lahntal im Weinbaugebiet Mittelrhein.

1

Burg Philippstein (1) ist eine kleine Spornburg-Ruine oberhalb des gleichnamigen Ortes, der zur Großgemeinde der Stadt Braunfels gehört und dessen Bergfried bestiegen werden kann.

Das Schloss Braunfels (3), seit dem 13. Jahrhundert Sitz der Grafen von Solms, wirkt wie eine reich verzierte Krone über dem Luftkurort, der Zentrum von weiteren fünf Stadtteilen ist.

Der Golfplatz des „Golf-Club Schloss Braunfels e. V." (2) ist als klassischer Parklandkurs mit seiner 18-Loch-Anlage eine Perle unter den Golfplätzen im Taunus.

2

3

1

2

Ein Naturerlebnis der besonderen Art: Fast wie im Film „Der Herr der Ringe“ mutet diese Abendszene (1/2) von wenigen Minuten an, von Sonnenstrahlen inszeniert durch die Lücke in der hohen Wolkendecke, mit Blick nach Südwesten auf die Landschaft hinter dem Braunfelser Schlossberg.

Der Blick nach Süden (3) dagegen (zur gleichen Zeit), zeigt uns den Ort Bonbaden, einen Ortsteil von Braunfels, als normale Taunus-Landschaft in der Abenddämmerung.

3

Zwischen Weilburg und Weilmünster

Eine Wolkendecke liegt über dem Usinger Land bei unserem Blick nach Süden (1). Schräg unter uns liegt Elkerhausen, darüber der Windpark zwischen Blessenbach und Laubuseschbach. Rechts oben sind Wolfenhausen, Haintchen und Hasselbach zu erkennen.

Freienfels (2) gehört zur Ortsgemeinde Weinbach und ist bekannt für seine jährlich stattfindenden Ritterspiele unterhalb der alten Burgruine, die malerisch am Hang über dem Dorf steht.

Das Ballon-Festival von Weilburg (3) war bis vor wenigen Jahren ein „Muss" für alle Freunde des Ballon-Sports. Dutzende der unterschiedlichsten Ballonformen fuhren 2006 durch das Weiltal und gaben dem Himmel mit ihrer Parade über dem Taunus die entsprechenden Farbtupfer.

In Weinbach-Elkerhausen (4) gibt es ein ehemaliges Wasserschloss von 1420. Es ist heute im Privatbesitz und beherbergt Sammlungen des Kunstmalers Hermann Krupp. Das Dorf hat ca. 700 Einwohner und ist der Wohnort unseres Piloten Artur Müller.

3

4

1

Laubuseschbach (1) gehört zur Gemeinde Weilmünster und ist vor allem bekannt durch die Apfelwein-Kelterei Heil und durch die Moto-Cross-Rennstrecke des MSC, auf die wir gerade blicken. Schon 1961 begann man mit dem Bau der Sportanlage.

Als Hauptort für weitere 10 Gemeinden im Umfeld, liegt der ehemalige Marktflecken Weilmünster (3) wie auf einem Präsentierteller vor uns. Über der Erhebung inmitten des großen Waldgebiets erkennen wir den Ortsteil Dietenhausen und ganz links oben Teile von Brandoberndorf.

Neben der metallverarbeitenden Industrie ist Weilmünster seit 1897 durch die Landes-Heil- und Pflegeanstalt bekannt geworden, welche aber während des Zweiten Weltkriegs einen schlechten Ruf als „Experimentierfeld für nicht-lebenswerte Personen" hatte. Sie liegt ganz rechts am Anfang Weilmünsters. Heute hat die Vitos Weilmünster Gemeinnützige GmbH (2) einen guten Ruf. Auf dem Gelände befinden sich drei Kliniken, die unterteilt sind in Psychiatrie, Neurologie und psychosomatische Klinik.

2

3

1

Weilburg und Umgebung

Pilot und Fotograf Artur Müller schießt aus luftiger Höhe das Weilburger Land in Richtung Südwest (1).

Die Stadt Weilburg (2) wird gerne als „Perle an der Lahn" bezeichnet. So stellte sie sich 2005 als Hessentagsstadt vor. Wir schauen direkt auf die Frankfurter Straße (B 456), die in der linken oberen Bildhälfte schräg auf Landtor, Altstadt und Schloss zuläuft. Am oberen Teil dieser abfallenden Allee steht die staatliche Technikakademie (3), eine der vielen Bildungseinrichtungen der ehemaligen Residenzstadt, die sich auch als Schulstadt einen Namen gemacht hat.

3

1

Die Schlossanlage Weilburgs (1) mit der Altstadt auf der hier besonders gut zu erkennenden Halbinsel (3) ist einmalig. Hier regierte bis vor 200 Jahren ein Teil des Adelsgeschlechts derer von Nassau, welche die Vorfahren des heutigen großherzoglichen Hauses Luxemburg sind.

Der in Deutschland noch einzig befahrbare Schifffahrtstunnel (2, Bildmitte) bildet mit dem Straßen- und dem Eisenbahntunnel das „Weilburger Tunnel-Ensemble", das fast parallel den Mühlberg unterquert. Diese Konstellation ist einzigartig auf der Welt.

2

3

1

Weilburg-Ahausen (1), südlich von Löhnberg gelegen, zeigt sich unter uns kurz nach dem Start in Richtung Westen.

In Merenberg (2) steht die Stammburg des Hauses Merenberg, einer Adelsfamilie des 12. bis 14. Jahrhunderts. 1634 wurde die Burg zerstört und bildet seitdem als Ruine das Wahrzeichen des Marktfleckens Merenberg, dem vier weitere Ortsteile angehören.

1

2

Wir stehen über Weilburg-Kubach (1) mit seiner bekannten Kristallhöhle, deren Eingangsbereich sich im Bild rechts unten, oberhalb der Straße befindet. Unser Blick geht nach Südosten über Edelsberg auf die im Dunst liegenden Ortschaften Essershausen, Ernsthausen und Lützendorf in Richtung Weilmünster.

Kubach (2), auf dessen Gebiet es schon vor 2.500 Jahren eine Siedlung gab, wie Ausgrabungen aus dem Jahr 1981 bestätigen, wurde im Zuge der Gebietsreform in Hessen 1974 als letzter Ort ein Stadtteil von Weilburg.

Drommershausen (3), ebenfalls ein Stadtteil von Weilburg. Südöstlich vom Dorf befindet sich der Tierpark Weilburg. Es hat ca. 600 Einwohner und liegt auf 202 bis 245m Höhe.

3

1

Bevor wir an Gaudernbach (2), dem westlichsten Stadtteil Weilburgs vorbeifahren, blicken wir zurück nach Nordosten (1). Wir sehen Ahausen (rechts), Löhnberg (links), darüber am Waldrand Selters und weiter oben Leun-Biskirchen.

1

Die Hessen-Meisterschaft der Heißluftballone vor den Toren Weilburgs war das Top-Ereignis 2005 und eine Augenweide für alle Ballonfans aus nah und fern (1).

Der Windhof (2) ist ein um 1700 erbautes Jagd- und Lustschloss auf der Taunushöhe vor den Toren Weilburgs und dient heute der Technikakademie als Wohn-, Lern- und Arbeitsstätte ihrer Studierenden.

Peter Maffay zog 2005 Tausende zu einer Freiluftveranstaltung im Rahmen des Hessentags an, deren Konzertgelände (3) wir damals überfuhren.

Erich von Däniken lässt grüßen (4/5)! Aber im Gegensatz zu seinen Behauptungen über Außerirdische sind diese nur von hier oben erkennbaren Zeichen reine Rodungsmaßnahmen der Jäger. An jeder „Pfeilspitze" steht ein Hochstand, um den Wildwechsel zu beobachten. Vom Ballon aus kann man das aber sogar ohne Hilfe dieser Schneisen.

2

3

4

5

1

2

3

Entlang der Lahn

Entlang der Lahn nach Westen treiben wir direkt über Kirschhofen (1), einem in einer Lahnschleife gelegenen Stadtteil von Weilburg. Über eine Fußgängerbrücke gelangt man zum landesweit bekannten und sehr beliebten Campingplatz Odersbach.

Die Lahntalbahn, die direkt an der mäanderförmig fließenden Lahn liegt, hat mit ihrer Trasse unzählige Tunnel zu durchfahren. Hier (2) der Michelsberger Tunnel zwischen Kirschhofen und Gräveneck.

Gräveneck (3) liegt auf einem Hochplateau über der Lahn, wo sich auf dem tieferliegenden Gebiet „In der Aue", zwischen Bahnlinie und Flüsschen, ein privatgeführter Campingplatz (4) befindet.

4

1

2

Lahnblick nach Osten mit den Ortschaften Villmar, Arfurt, Seelbach, Aumenau, Elkerhausen, Blessenbach und im Dunst oben Laubuseschbach und dem inzwischen mit sechs Windrädern bestückten Windpark (1).

Das Denkmal Konrad I (2) – erster deutscher König (911-918) nach den Karolingern – steht auf dem Felsen Bodenstein über der Lahn bei Villmar. Villmar und die in der Nähe liegenden Kalksteinbrüche wurden bekannt durch den Abbau seines Lahnmarmors, der in der ganzen Welt Verwendung gefunden hat.

Fürfurt (3), der kleinste Ortsteil von Weinbach, liegt innerhalb der Gemarkung Elkerhausen.

Aumenau (4), Ortsteil von Villmar, verfügt über eine erst 1954 erbaute katholische Kirche St. Josef, die direkt am Ortsrand zur Lahn steht.

3

4

1

2

Runkel (1) mit seiner mächtigen Burg und der historischen steinernen Brücke (2) liegen unter uns. Die Burg ist teils Museum und wird auch bewohnt von Metfried Prinz zu Wied mit seiner Familie, die sich sehr um die Erhaltung der alten Gemäuer kümmert.

Burg Schadeck (3) gegenüber steht 50m über der Lahn. Als Trutzburg um 1275 gebaut, ist sie in Privatbesitz und kann nicht besichtigt werden.

3

Burg Dehrn (1), oberhalb des Runkeler Stadtteils Dehrn gelegen, ist eine Spornburg mit einem schon im 13. Jahrhundert gebauten Wehrturm. Sie diente der Sicherung des Lahnüberganges für die Grafen von Dietz und hatte in den kommenden Jahrhunderten viele Besitzer als Lehen. Heute ist sie im Privatbesitz eines Limburger Immobilienunternehmers.

Runkel-Steeden war ab etwa 1850 ein Zentrum der Kalkindustrie und auf seinem Territorium ist von ursprünglich drei Steinbrüchen heute noch einer vorhanden (2). Ein seit Jahrzehnten stillgelegter Steinbruch entwickelte sich zu einem Naturparadies mit einem See (3), der durch Wolkenspiegel wie ein Edelstein wirkt.

2

3

Dietkirchen gehört zur Stadt Limburg und besitzt mit seiner hoch auf einem Felsen stehenden Lubentius-Basilika (4) aus dem frühen Mittelalter eines der bedeutendsten romanischen Kirchenbauwerke der ganzen Region. Im Hintergrund ist Runkel-Dehrn zu sehen, mit der schon erwähnten Burg. Die Wiese rechts der Lahn ist ein häufig genutzter Startplatz unserer Ballonfahrten.

Unser Blick geht über Dietkirchen auf die jenseits der Lahn liegende Gemeinde Eschhofen, die schon zu Limburg gehört (5). Das Foto stammt von einer Abendfahrt im Herbst 2016 aus ca. 1.500m Höhe.

1

2

3

Abstecher in den Westerwald

Unser Gefährt führt uns über Beselich-Heckholzhausen (1) im Landkreis Limburg-Weilburg. Der Blick geht nach Südwesten zum Bau der Umgehungsstraße, die im Bogen zur Abfahrtskreuzung der Deponie nach Beselich führt. Von oben bleibt nichts verborgen – sowohl das Feiern mit Nachbarn und Freunden (2) als auch in Ermangelung eines Schuppens das Sammeln von Gegenständen (3), die man nicht wegschmeißen kann oder möchte.

Diese Fischzuchtanlage (4) im Westerwald bei Hadamar-Niederzeuzheim, deren unzählige Becken uns entgegenfunkeln, ist mustergültig. Der Wind treibt uns direkt über die Teiche hinweg.

Schloss Oranienstein (5) in Dietz an der Lahn war ursprünglich eine Ruine des Benediktinerklosters Dierstein und ab 1681 Witwensitz der Gräfin Albertine Agnes von Oranien-Nassau. Die prachtvoll erhaltene Anlage ist heute eines der Mutterhäuser des niederländischen Königshauses.

4

5

Limburg an der Lahn

Aus dem Ballonkorb lassen sich die Sehenswürdigkeiten der Stadt (2) gut erkennen: Der von allen Seiten sichtbare Dom, der auf einem Kalkfelsen über der Lahn steht, das Haus der Sieben Laster, die Burg Limburg auf dem Domberg, das Bischöfliche Haus, das Haus des Werner Senger von 1250, die Nepumuk-Statue auf der Lahnbrücke, der Walderdorffer Hof … Um die Altstadt zu Fuß zu besichtigen, benötigt man schon ein paar Stunden.

Unzählige Male fuhren wir schon mit dem Auto über die Lahntalbrücke der A 3 (1) mit einer Höhe von 62m über dem Fluss und konnten den Limburger Dom auf gleicher Augenhöhe erblickten. Heute erleben wir den parallelen Brückenneubau aus einer anderen Perspektive. Die alte Brücke im Hintergrund soll später zurückgebaut werden.

1

2

1

2

Auf dem Limburger Domplatz (1) dominiert neben dem eigentlichen Wahrzeichen der Stadt unten rechts das neue Diözesane Zentrum St. Nikolaus. Trotz der Verschwendung von Millionen durch den ehemaligen Bischof ist die exzellente Baukunst eines der besten deutschen Neubauvorhaben seiner Art aus den letzten Jahren.

Das Einkaufszentrum WERKStadt Limburg (2) liegt gegenüber dem Hauptbahnhof auf dem ehemaligen Gelände des 2005 aufgegebenen Ausbesserungswerkes der DB. In den großen Hallen werden u. a. auch Kürbisse der heimischen Landwirtschaft angeboten, die auf den Feldern rund um Limburg reifen (3).

3

1

2

Zwischen Hessen und Rheinland-Pfalz

Als ehemalige Residenzstadt mit ca. 45.000 Einwohnern ist Diez (1) Verwaltungssitz der gleichnamigen Verbandsgemeinde in Rheinland-Pfalz. Die mittelalterliche Burg Grafenschloss Diez (2) thront auf einem Porphyrfelsen unmittelbar über der Altstadt. Seit 2006 ist die Burg ein Jugendgästehaus des Deutschen Jugendherbergswerks (DJH). Außerdem ist hier das alte Nassauische Heimatmuseum untergebracht.

3

Bei der Überfahrt der JVA Diez (3) sehen wir, dass die Zellenflügel, wie um 1910 üblich, in kreuzförmiger Bauweise errichtet wurden. Im Mittelpunkt steht ein Überwachungsstand, von dem ursprünglich sämtliche Gänge und Zellentüren beobachtet werden konnten. Für die Bediensteten des Gefängnisses wurden entlang der Außenmauern 61 Wohnungen im damaligen Gründerzeitstil errichtet. Was besonders auffällt, sind die Bereiche für Sport und die gut gepflegten gärtnerischen Außenanlagen.

Südlich von Altendiez befindet sich ein Baggersee (4) mit der Sporttauchbasis Diez.

4

1

2

3

Vor uns liegt der „Goldene Grund“ (1), ein Gebiet, das sich von Selters über Bad Camberg bis kurz vor Idstein hinzieht und durch seinen lösshaltigen fruchtbaren Boden für die dortige Landwirtschaft ein Segen ist. Zu sehen ist die A 3 mit Brücke bei Niederbrechen, darüber Werschau und Dauborn. Schafe beim Grasen (2) wirken aus dieser Höhe wie Reiskörner auf einem grünen Teppich.

Künstlerische Rodungszeichen im Maisfeld (3) sind nur aus der Höhe sichtbar – sie zeigen eine Tasse heißen Kaffees und ein Stück Torte auf einem Teller!

Die ICE-Strecke (4) parallel zur A 3 bei Lindenholzhausen wird gerade von einem vorbeirasenden Doppel-Zug passiert, während gleichzeitig ein Landwirt mit seinem Mähdrescher noch bei der Arbeit ist (5). Es ist 20.45 Uhr am 5. Juli 2017.

Die Zeugen Jehovas haben zwischen Niederselters und Eisenbach auf einem Hochplateau seit 1979 ihr Büro für Zentraleuropa (6); mit vielen Gebäuden zum Wohnen und Arbeiten für ca. 1.100 ihrer Anhänger.

4

5

6

1

2

Eisenbach (1) liegt östlich der Jehova-Gemeinde und ist Luftkurort und zweitgrößter Ortsteil von Selters. Die katholische Pfarrkirche St. Petrus von 1898 mit ihrem Turm dominiert das Ortsbild.

Kloster Gnadenthal (2), heute ein Hofgut, ging aus den Ruinen eines ehemaligen Zisterzienserinnen-Klosters hervor. Hier ist seit 1969 eine freiökumenische Lebensgemeinschaft der protestantischen Jesus-Bruderschaft angesiedelt, in deren Mitte man Ruhe und Besinnlichkeit suchen und finden kann. Von hier über den oberen Bildrand hinaus, kommt man zur Raststätte Bad Camberg an der A 3.

Kirberg (3) liegt in Rheinland-Pfalz und ist ein Ortsteil von Hünfelden, besonders bekannt geworden durch das

3

Stein'sche Haus (4), das als Burgmannenhaus von den Reifenbergern gebaut wurde und später im Besitz vieler Generationen der Freiherren vom Stein war.

Burgschwalbach (5) mit seiner Burg liegt 11 km südlich Limburgs im Palmbachtal. Graf Eberhard V von Katzenelnbogen ließ um 1370 die Burg bauen und hatte somit auch die Stadtrechte für den Ort von Kaiser Karl IV erworben.

4

5

1

2

3

Burg Hohlenfels (1) ist eine auf einem über 60m hohen Felsen errichtete Burg westlich von Hahnstätten in Mudershausen. Der Privatbesitz ist bewohnt, wird für besondere Events aber zugänglich gemacht.

Die evangelische Rundkirche Oberneisen (2) gehört auch zur Verbandsgemeinde Hahnstätten. Sie ist historisch betrachtet eine kirchenbauliche Besonderheit mit einem kreisförmigen Grundriss. Sie wird ebenfalls hin und wieder für kulturelle Veranstaltungen benutzt.

Hahnstätten (3) ist Verwaltungssitz der Verbandsgemeinde und Fremdenverkehrsort. Der Bahnhof der stillgelegten Aartalbahn soll in Zukunft bis Limburg reaktiviert werden. Draisinenfahrten auf der alten Strecke werden schon heute angeboten und erfreuen sich großer Beliebtheit.

Der Kalksteinbruch Schäfer (4), wie ein Trichter in die Landschaft gehauen, hat eine Sohle von ca. 25m über dem Meer und ist der tiefste Punkt in Rheinland-Pfalz.

4

Bad Camberg

Die Stadt ist der Mittelpunkt im „Goldenen Grund" innerhalb der Idsteiner Senke. Hier gab es nachweislich schon vor 7.500 Jahren sesshafte Ackerbauern. Heute ist die Stadt ein beliebter Kneipkurort. Bad Cambergs Wahrzeichen ist die Kreuzkapelle (1) unterhalb des Windparks „Kuhbett" und des Dorfs Schwickershausen. Weiter rechts, an der L 303 unterhalb des Waldrands, liegt das Hotel „Waldschloss". Der Ortsteil Würges liegt rechts, und schräg darüber schaut Steinfischbach zwischen den Wäldern hervor.

1

2

Der Blick auf die Altstadt (1) mit ihren schönen Fachwerkhäusern (2) und der katholischen Kirche St. Peter und Paul sowie dem Hexenturm lassen erahnen, dass sich die vielen Kur- und Reha-Gäste der oberhalb des Kurparks gelegenen Kliniken in Bad Camberg wohlfühlen müssen, wenn sie zwischen den Anwendungen die Stadt besuchen.

3

Idstein

Idstein-Walsdorf (3), zwischen Würges und Idstein gelegen, ist eine der ältesten Siedlungen Hessens. Beim Wiederaufbau nach der Zerstörung im 17. Jahrhundert wurde hervorragend geplant. Die Wehrmauern mit den aufgesetzten Fachwerk-Scheunen sind gut erhaltene Zeugen spätmittelalterlicher Baukunst.

Die Stadt Idstein (4) können wir nur aus der Ferne im Abenddunst betrachten. Im Vordergrund liegt Wörsdorf mit seiner Golfanlage direkt an dem Flüsschen Ems.

4

1

2

3

4

Gute Landung

Jede Ballonfahrt geht einmal zu Ende. Der untergehenden Sonne ist es zu verdanken, dass wir als Schattenbild bei der sanften Landung (1) zu sehen sind. Es erfolgt die Abrüstung mit Hilfe aller Passagiere. Die restliche Luft ist aus der Ballonhülle zu drücken und in einem Sack von ca.1,5 m³ zu verstauen. Korb und Brenner verschwinden samt Hülle im Anhänger (2-5).

Jetzt werden die Erst-Ballonfahrer getauft, eine Haarlocke im Nacken angesengt und mit Sekt gelöscht (6). Dazu gibt es eine Urkunde: „Aufgrund alter Tradition und Kraft des Amtes des Luftfahrpiloten werden die Erst-Luftpassagiere in den Adelsstand der Ballonfahrer aufgenommen“ (7). Natürlich bekommt man auch einen entsprechenden „Adelstitel“ verliehen, der mit einem Gläschen Sekt gefeiert wird (8).

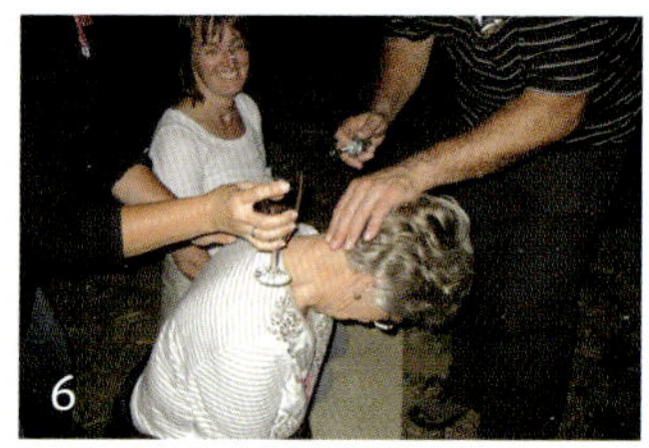

6

7

8

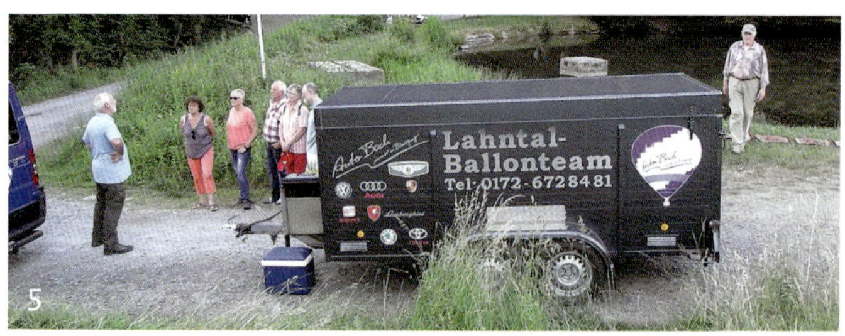

5

Besondere Erlebnisse: Ballon-Winterfahrten

Ausgewählte Ballonfahrt-Routen

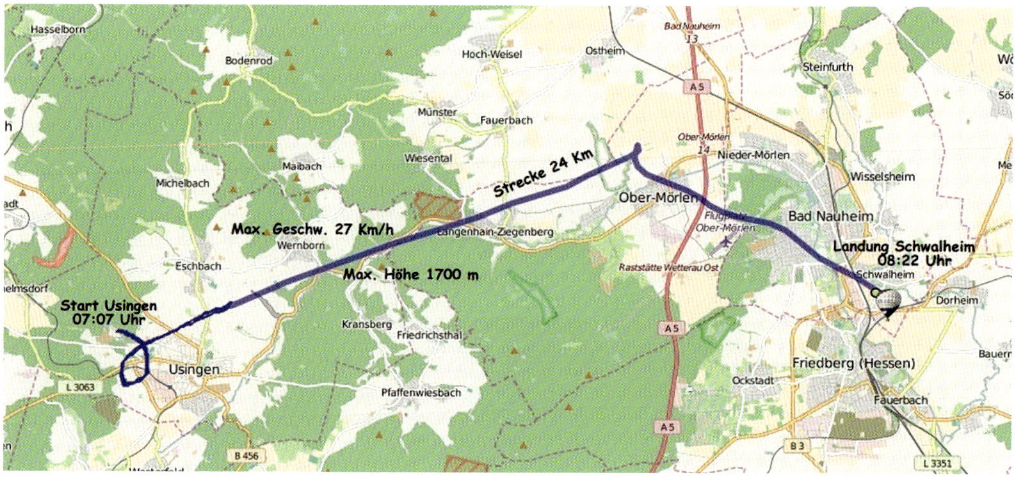

Von Usingen nach Schwalheim

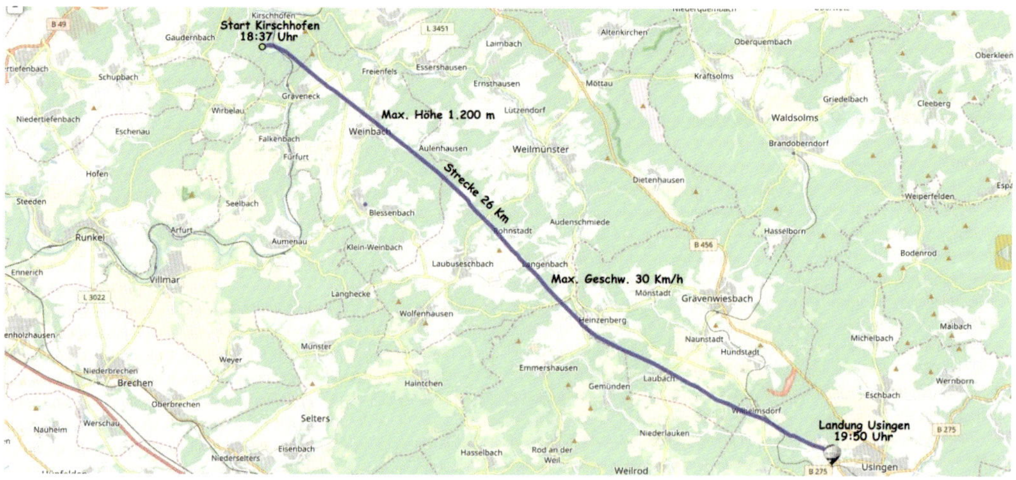

Von Kirchhofen nach Usingen

Von Usingen nach Wölfersheim

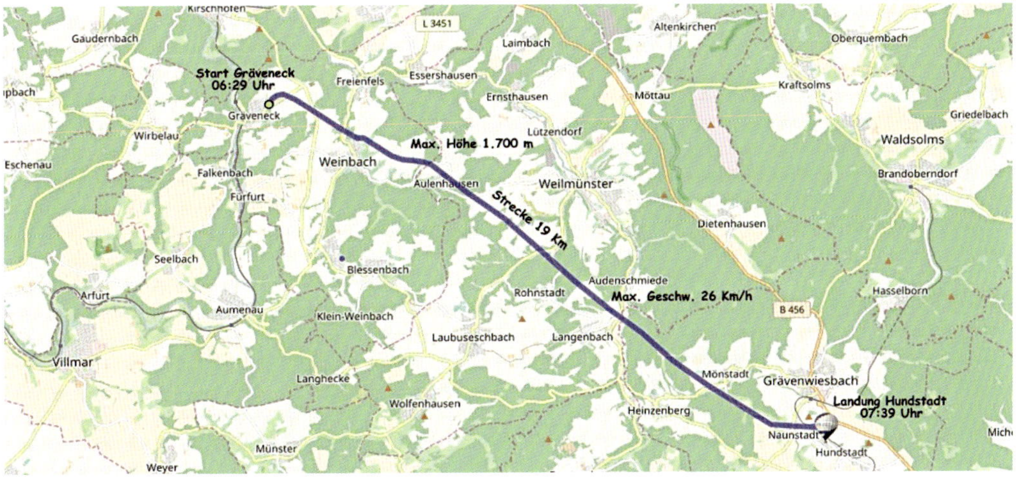

Von Gräveneck nach Hundstadt

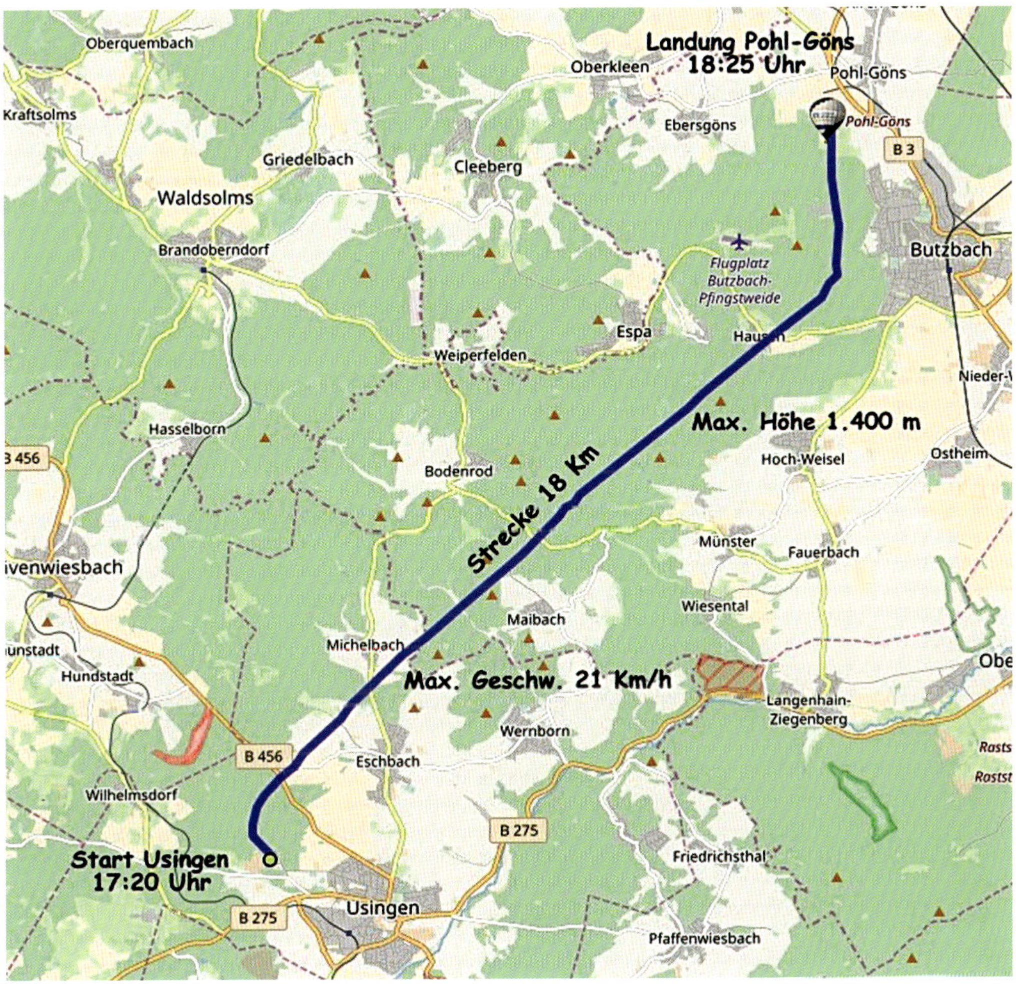

Von Usingen nach Pohl-Göns

Von Weilburg nach Reiskirchen

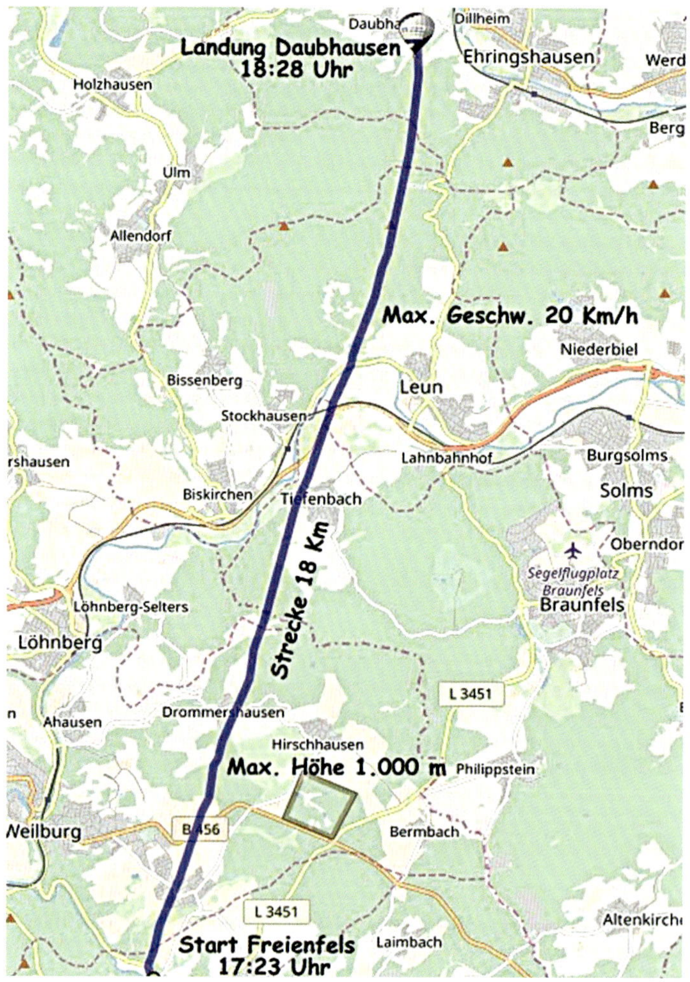

Von Freienfels nach Daubhausen

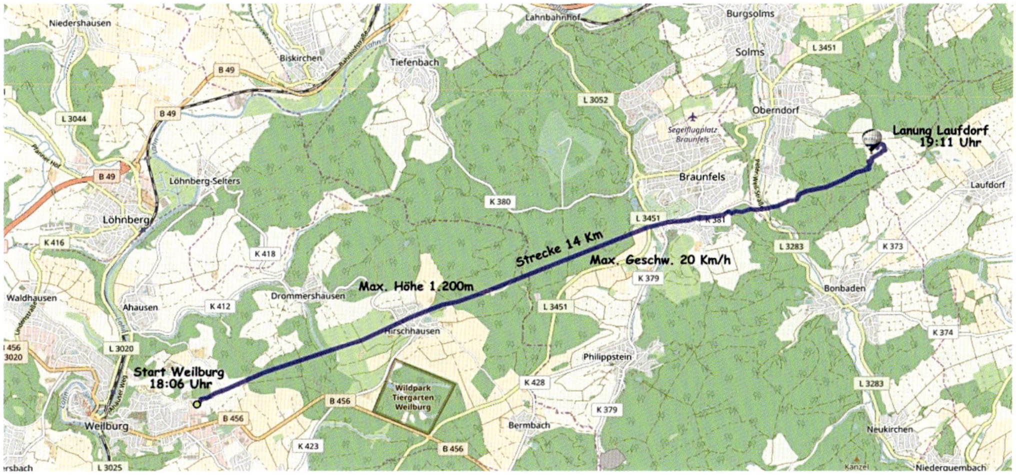

Von Weilburg nach Laufdorf

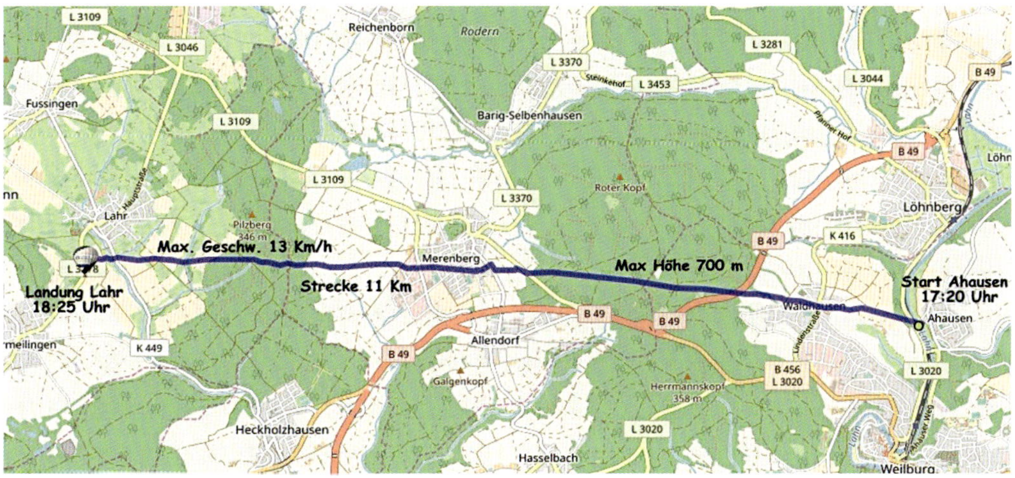

Von Ahausen nach Lahr

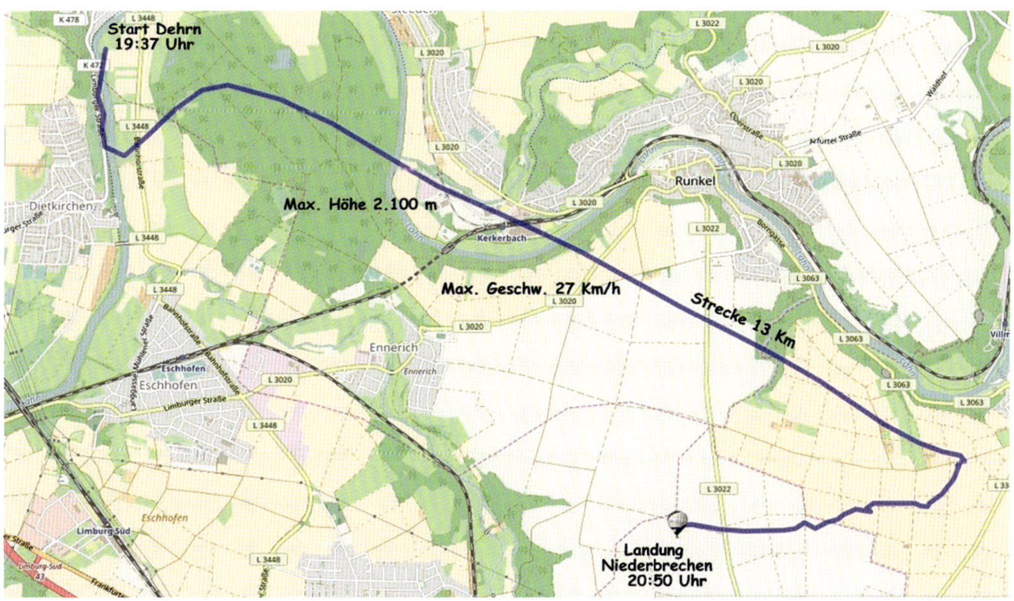

Von Dehrn nach Niederbrechen

Die Autoren

Eberhard Schrimpf, geb. 1934 in Berlin, gelernter Schriftsetzer und Studium an der Grafischen Fachschule Frankfurt a. M. Seit 1976 selbstständiger Grafik-Designer und Fotograf für viele Firmen im Rhein-Main-Gebiet. Verfasser und Gestalter von mehreren Bildbänden und Broschüren, u. a. zu seiner Heimatstadt Usingen und dem Usinger Land.

Artur Müller, geb. 1953, Heißluftballon-Pilot und Hobby-Fotograf. 1995 unternahm er seine erste Ballonfahrt und ist seither mit dem sogenannten „Ballonvirus" infiziert.

Kristiane Müller-Urban, Eberhard Urban

Regionalpark RheinMain

Der Regionalpark RheinMain mit seinen vielfältigen Naturräumen und Landschaftsformen, mit seinem weitverzweigten Wege- und Routennetz und seiner 190 Kilometer langen Rundroute lädt zu Erholung und Erlebnis ein. Rekonstruktionen historischer Anlagen und Renaturierungen, Naturdenkmäler und Kunstwerke säumen die Wege, die zu Sehenswürdigkeiten aus Geschichte und Gegenwart führen. Bauernhöfe und Gasthäuser laden zum Genuss ein, Veranstaltungen bieten Information und Unterhaltung.

240 Seiten · Broschur · ISBN 978-3-95542-290-5 · 16,– Euro

Werner Wolf, Siegbert Seitz

Ins wilde Wispertal

Das Buch erschließt Naturfreunden die Geheimnisse einer weithin ursprünglichen, romantischen Taunuslandschaft. Mit vielen Bildern von unterwegs, informativen Tipps für Wanderer und Empfehlungen für die Rast macht dieser Führer den Ausflug ins Wispertal zum Mini-Urlaub für die ganze Familie. Die Autoren beschreiben und kommentieren ihre Begegnungen mit ausgewiesenen Kennern der Fauna und Flora, der Wanderwege und Burgen oder der Geschichte.

200 Seiten · Broschur · ISBN 978-3-95542-222-6 · 14,– Euro

ERHÄLTLICH IM BUCHHANDEL ODER AUF WWW.SOCIETAETS-VERLAG.DE

Renate Messer, Christel Calmano-Wiegand

Oberursel!

Oberursel steht im Mittelpunkt dieses Bildbandes. Begleiten Sie die Autorinnen auf eine Zeitreise der besonderen Art. Der Fotograf und Redakteur Karl Heinz Arbogast hat während seiner Tätigkeit für die Frankfurter Neue Presse besondere Ereignisse sowie das Alltagsleben in Oberursel auf beeindruckende Weise festgehalten. Seine Bilder erzählen Geschichten und spiegeln den Charakter seiner „Stadt" wider. Die Autorinnen haben die schönsten Aufnahmen aus den Jahrzehnten zwischen 1950 und 1980 ausgewählt und mit informativen Texten versehen.

144 Seiten · Bildband · ISBN 978-3-95542-158-8 · 16,80 Euro